D0515668

El mundo y la ingeniería

Cómo se construye un rascacielos

Therese Shea
Traducido por Alberto Jiménez

Gareth Stevens
PUBLISHING

Please visit our website, www.garethstevens.com. For a free color catalog of all our high-quality books, call toll free 1-800-542-2595 or fax 1-877-542-2596.

Cataloging-in-Publication Data

Shea, Therese, author.
Cómo se construye un rascacielos / Therese Shea, translated by Alberto Jiménez.
pages cm. — (El mundo y la ingeniería)
Includes index.
ISBN 978-1-4824-4381-3 (pbk.)
ISBN 978-1-4824-4318-9 (6 pack)
ISBN 978-1-4824-4345-5 (library binding)
1. Skyscrapers—Design and construction—Juvenile literature. I. Title.
TH1615.S54 2016
720.483—dc23

First Edition

Published in 2016 by
Gareth Stevens Publishing
111 East 14th Street, Suite 349
New York, NY 10003

Designer: Samantha DeMartin
Editor: Ryan Nagelhout
Spanish Translation: Alberto Jiménez

Photo credits: Cover, p. 1 VOJTa Herout/Shutterstock.com; caption box stoonn/Shutterstock.com; background Jason Winter/Shutterstock.com; p. 5 (main) dibrova/Shutterstock.com; p. 5 (inset) Goodluz/Shutterstock.com; p. 7 rootstock/Shutterstock.com; p. 9 Jozef Sowa/Shutterstock.com; p. 11 AlexKZ/Shutterstock.com; p. 13 canadastock/Shutterstock.com; p. 15 Paul Matthew Photography/Shutterstock.com; p. 17 (inset) STAN HONDA/AFP/Getty Images; p. 17 (main) Naufal MQ/Moment/Getty Images; p. 19 (inset) View Pictures/Universal Images Group/Getty Images; p. 19 (main) zohaib anjum/Shutterstock.com; p. 20 (newspaper) RTimages/Shutterstock.com; p. 20 (scissors) Vladvm/Shutterstock.com; p. 20 (tape) Sean MacD/Shutterstock.com; p. 21 (child) Blaj Gabriel/Shutterstock.com; p. 21 (fan) a_v_d/Shutterstock.com.

Printed in the United States of America

CPSIA compliance information: Batch #CW16GS: For further information contact Gareth Stevens, New York, New York at 1-800-542-2595.

Contenido

Las palabras del glosario se muestran en **negrita** la primera vez que aparecen en el texto.

¡Miremos arriba!

Algunos afirman que un rascacielos es cualquier edificio de veinte plantas o más; otros dicen que tiene que tener al menos cincuenta pisos. Y un tercer grupo piensa que un rascacielos es sencillamente cualquier edificio que tengamos que mirar hacia arriba para ver su altura. ¿Te has preguntado alguna vez cómo se construye un edificio así?

Los **arquitectos** trazan los planos, el proyecto o **diseño** del rascacielos, y luego los ingenieros planifican y supervisan su construcción, asegurándose, por ejemplo, de que será capaz de soportar fuerzas tales como la **gravedad** y los vientos fuertes.

Bloques de construcción

Los ingenieros son profesionales que utilizan sus conocimientos en ciencias y matemáticas para resolver problemas de productos, estructuras o procesos. En la construcción de un rascacielos participan diferentes ingenieros especialistas en terremotos y en resistencia de materiales.

En las ciudades muy pobladas no suele haber mucho sitio para nuevas construcciones; construir hacia arriba significa más espacio para trabajar y para vivir.

Súper acero

¿Has tenido que hacer alguna vez un modelo de algo para un trabajo escolar? Ya fuera un dinosaurio, un volcán o cualquier otra cosa, seguramente empezaste con determinados materiales que sabías que te harían falta. Dos **materiales** esenciales que se utilizan en la construcción de los rascacielos son el acero y el concreto reforzado.

El acero es una **aleación** de carbón y hierro. El concreto reforzado es una mezcla de cemento, agua y grava o arena que se vierte sobre las barras de acero. Ambos materiales proveen a los rascacielos con la resistencia que necesitan para no derrumbarse.

Bloques de construcción

Otros materiales que también se usan en la construcción de rascacielos incluyen cristal, aluminio, acero inoxidable, granito, mármol y piedra caliza.

Esta foto muestra unas barras de acero antes y después de ser cubiertas por el concreto para fabricar una columna de concreto reforzado.

Unos cimientos firmes

Todos los rascacielos deben contar con una **cimentación** poderosa. Para ello se excava un profundo foso en el **lecho rocoso**. Se hacen cavidades en el lecho mediante detonaciones controladas y se rellenan con las columnas de soporte de concreto reforzado.

Si el lecho rocoso es demasiado profundo para llegar hasta él por medio de excavaciones, se introducen en el suelo unas columnas especiales llamadas pilotes y se fijan a la roca. Hay otro método que consiste en perforar **pozos** en el suelo y el lecho rocoso e introducir en ellos barras de acero. Esos pozos se rellenan después de concreto.

Bloques de construcción

Los elementos de cimentación del rascacielos se asientan a menudo sobre **zapatas**, lo que significa que la base de la columna es más ancha y puede soportar mayor carga.

Si alguna vez has construido una torre con piezas de madera u otro material, sabes que cuando llega a una altura excesiva se derrumba. Ese es el motivo por el cual los rascacielos necesitan una cimentación fuerte.

La estructura

La gravedad tira constantemente el rascacielos hacia abajo, por lo que los ingenieros los proyectan de manera que los cimientos, como las vigas, compartan su enorme peso.

Igual que tu cuerpo necesita de un armazón óseo para sostenerte, el rascacielos necesita de un esqueleto de acero para sostener su peso. Las vigas metálicas se fijan entre sí **horizontal** y verticalmente, y a veces incluso en **diagonal**, constituyendo el armazón llamado estructura.

Bloques de construcción

Muchos rascacielos tienen un núcleo central de concreto reforzado que ayuda a soportar las cargas.

Sería imposible construir los rascacielos sin ayuda de grúas gigantescas que elevan los materiales hasta donde son necesarios.

Dentro y fuera

Aunque muchos rascacielos parecen estar hechos de cristal, en realidad no es así. Sus estructuras realizan el tremendo trabajo de sostener el edificio, por lo que las paredes exteriores pueden revestirse de cualquier cosa, como cristal, metal u otros materiales.

Según la estructura del rascacielos se eleva, las cuadrillas de especialistas cubren los suelos y terminan la construcción de las plantas inferiores instalando las conducciones eléctricas, la plomería, los tabiques interiores, los baños, la iluminación y la climatización.

Bloques de construcción

La evacuación de estos edificios en caso de incendio es complicada, por lo que es muy importante la utilización de materiales ignífugos (a prueba de fuego) y la instalación de sistemas de rociadores, para que quienes los habitan gocen de la máxima seguridad.

Los ingenieros participan a veces en la planificación e instalación de los sistemas eléctricos y mecánicos del edificio.

¡Subamos!

¿Puedes imaginarte tener que subir cincuenta plantas a pie? ¡No habría rascacielos sin ascensores! La mayoría de los rascacielos cuentan con un elevador en el centro del edificio y, en ocasiones, otros en los muros exteriores.

Cuantas más plantas tiene un edificio, más gente lo ocupa, lo que significa que se necesitan más elevadores. Los ingenieros utilizan las matemáticas para determinar cuántos elevadores son necesarios para que todos suban y bajen. Necesitan calcular también de qué forma los elevadores afectarán la estructura del edificio.

Bloques de construcción

En 1956, el célebre arquitecto Frank Lloyd Wright declaró que proyectaba un rascacielos que podría acoger a 100,000 trabajadores y que mediría una milla (1,6 km) de alto. Nunca se construyó pero ¿te imaginas cuántos elevadores hubiera necesitado?

El primer elevador de pasajeros se instaló en un edificio de Nueva York en el año 1857. Otros elevadores, los montacargas, se utilizan para llevar suministros u otras cosas de unas plantas a otras.

La fuerza del viento

Otra fuerza que los ingenieros deben tener en cuenta cuando construyen rascacielos es el viento, que hace que los edificios oscilen, y que la gente en su interior no se sienta segura, aunque el edificio sea perfectamente capaz de resistirlo.

Por esta razón se han puesto en práctica determinadas formas de construir los rascacielos que minimizan este problema. En los que no son muy altos, las uniones entre las vigas horizontales y verticales impiden que la construcción oscile. Los rascacielos más altos se sirven de núcleos centrales más fuertes. Algunos edificios tienen más de un núcleo reforzados con barras de acero.

Bloques de construcción

El Citigroup Center de Nueva York se sirve de un amortiguador de masa, un contrapeso de concreto que traslada la carga del edificio de lado a lado e impide que oscile con el viento; una computadora mide el viento y desplaza el peso de acuerdo a su fuerza.

Citigroup Center

Una brisa a ras de suelo puede convertirse en un viento fuerte en la cima del rascacielos. Hay un tipo especial de túnel de viento para probar modelos de los edificios que van a construirse y garantizar su seguridad.

Los rascacielos más altos

Con el paso de los años, los ingenieros han encontrado maneras de construir rascacielos cada vez más altos. En la actualidad, el edificio más alto del mundo es el Burj Khalifa de la ciudad de Dubai, en los Emiratos Árabes Unidos. Tiene una altura de 2,716.5 pies (828 m), y su forma especial le permite soportar su peso y que el viento lo rodee en lugar de empujar contra él.

Otro rascacielos aún más alto está en construcción y tendrá aproximadamente 3,281 pies (1,000 m). Se trata de la Kingdom Tower en Yeda, Arabia Saudita, cuya construcción se estima que se terminará en el 2018, y contará nada menos que ¡con un total de 57 elevadores!

Bloques de construcción

Algunos edificios no son solo altos sino que son poco comunes. En Bangkok, Tailandia, se construyó un rascacielos con aspecto exterior de robot.

El edificio Burj Khalifa ostenta varios récords, que incluye tener el elevador con el trayecto más largo del mundo.
El edificio Robot

Haz tu propio rascacielos

¡Construye un rascacielos utilizando solamente periódicos y cinta adhesiva!

Materiales:

- un ventilador
- periódicos viejos
- tijeras
- cinta adhesiva

Pasos a seguir:

1. Enrolla el periódico dándole forma de tubo
2. Sujeta verticalmente ese tubo con cinta adhesiva
3. Enrolla más periódicos para hacer los cimientos
4. Asegura los cimientos al suelo
5. Pega con cinta adhesiva los tubos de los cimientos al tubo vertical
6. Prueba el modelo con el ventilador
7. Refuerza los cimientos si la estructura se cae

Glosario

aleación: metal resultante de fundir dos o más metales.

arquitecto: persona que proyecta un edificio.

cimentación: estructura que suele ser de roca o de concreto y que soporta la carga de un edificio desde debajo.

diagonal: línea que une dos esquinas opuestas.

diseño: crear el modelo o forma de algo.

gravedad: la fuerza que tira de los objetos hacia el centro de la Tierra.

horizontal: a nivel con la línea en que parecen unirse el cielo y el horizonte.

lecho rocoso: roca maciza que está por debajo del suelo.

material: algo utilizado para hacer una cosa.

pozo: conducto vertical que recorre todas las plantas del edificio.

zapatas: piezas horizontales que se ponen sobre una columna y sobre la que se apoya una viga u otra estructura.

Para más información

Libros

Brasch, Nicolas. *Triumphs of Engineering*. New York, NY: PowerKids Press, 2013.

Encarnacion, Elizabeth. *Skyscrapers*. Laguna Hills, CA: QEB Publishing, 2007.

Hurley, Michael. *The World's Most Amazing Skyscrapers*. Chicago, IL: Raintree, 2012.

Sitios de Internet

Building Big: Skyscrapers [Construir alto: los rascacielos]
pbs.org/wgbh/buildingbig/skyscraper/
Aquí podrás leer sobre rascacielos famosos.

Building Facts [Datos sobre los edificios]
www.sciencekids.co.nz/sciencefacts/engineering/buildings.html
Este sitio web te dará más información sobre rascacielos y otros edificios.

Nota del editor a los educadores y padres: nuestro equipo editorial ha revisado cuidadosamente estos sitios web para asegurarse de que son apropiados para los estudiantes. Muchos sitios web cambian con frecuencia, por lo que no podemos garantizar que los futuros contenidos de un sitio continúen cumpliendo con nuestros estándares de calidad y valor educativo. Tengan en cuenta que se debe supervisar cuidadosamente a los estudiantes siempre que tengan acceso al Internet.

Índice